I0159457

Células
y otros
pequeños grupos

(Curso de capacitación para guías
de grupos de estudio)

José Young

Ediciones Crecimiento Cristiano

© **Ediciones Crecimiento Cristiano**
Dirección: Córdoba 419 - Tel.:(0353) 4912450
Direción postal: Casilla 3
5903 Villa Nueva, Cba.
Argentina

oficina@edicionescc.com
Catálogo completo: www.edicionescc.com

Ediciones Crecimiento Cristiano es una Asociación Civil
sin fines de lucro dedicada a la enseñanza del mensaje evangélico
por medio de la literatura.

Primera edición: 4/83
Reimpresión: 10/05

I.S.B.N. 950-9596-86-8

Queda hecho el depósito que previene la ley 11.723

Diseño de Tapa: Ana Ruth Santacruz
Impreso en los talleres de Ediciones Crecimiento Cristiano,
Marzo del 2009

IMPRESO EN ARGENTINA

C1

Introducción

Cada vez más se reconoce la importancia del trabajo con células, grupos caseros y otros grupos pequeños en la misión de la iglesia. Ofrecen uno de los ambientes más efectivos para la evangelización y el crecimiento.

Y aunque se puede predicar en el grupo pequeño, la metodología más efectiva es el diálogo, donde hay participación de parte de todos. El propósito de este cuaderno es proveer los elementos necesarios para que una persona pueda dar sus primeros pasos como dirigente de un grupo participativo.

También sentimos que la manera mejor de ocupar el tiempo del grupo es en el estudio bíblico. Y aunque hay muchas maneras de estudiar la Biblia, queremos dar énfasis en el "estudio inductivo", donde examinamos el texto bíblico antes de llegar a conclusiones sobre el mismo.

El cuaderno propone tres etapas. Primero, darle la teoría necesaria como para comprender bien la metodología de estudio y conocer pautas para la dirección del grupo. Segundo, proveerle tareas y ejercicios para que ponga en práctica esa teoría. Y por último, crear una situación donde pueda recibir una evaluación de su actuación como dirigente de grupo.

Aplicaciones de este cuaderno

Preparamos el cuaderno pensando en dos posibles aplicaciones:

- Una serie de estudios semanales, donde cada miembro del grupo tenga su cuaderno, y haga la lección en forma particular. Luego se reune con los otros miembros del grupo una vez por semana para conversar, y comparar los resultados de su estudio individual.

- Un curso intensivo, tal vez de un fin de semana. En este caso, los participantes del mismo no tendrán tiempo para hacer las lecciones individualmente. Por esta razón, el dirigente del curso tendrá que hacer una presentación oral del material didáctico que contiene cada lección, y luego los miembros del grupo se dividirán en subgrupos para hacer los ejercicios.

• En cualquier de los dos casos, será necesario tener un mínimo de ocho reuniones para poder completar adecuadamente el curso.

Lecciones

1 - La base

Lo que proponemos en este cuaderno es prepararle para el trabajo en grupos participativos. Es un concepto que tiene una base teórica sólida. Puede ser que usted prefiere ir directamente a la parte práctica, pero esa práctica se hace más efectiva cuando consideramos las razones que hat detrás la misma..

Primero, ¿qué queremos lograr en el grupo? Sentimos que nuestra tarea debe ser la misma que Pablo afirmó en Colosenses 1.28.

1/ *Según ese pasaje, explique lo que hacía Pablo y con qué propósito.*

La palabra "perfecto" en la versión Reina Valera significa "maduro". Describe una persona capaza de avanzar en la vida cristiana sin muletas, una persona que sabe manejar la Palabra y es capaz de ayudar a otras a crecer. Sabe distinguir (y vivir) la diferencia entre lo bueno y lo malo (Hebreos 5.14)

Lo que sucede en muchos casos se ilustra en la figura 1.

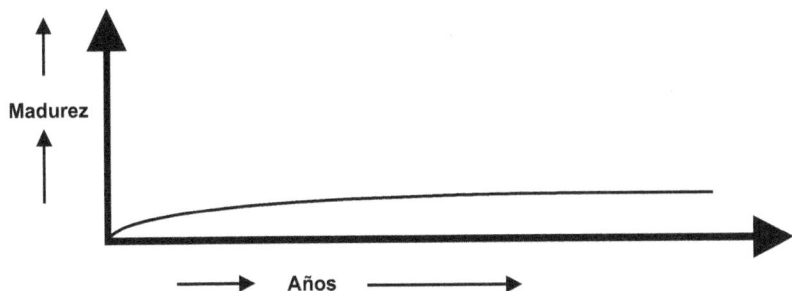

La persona se convierte, asimila algo de la vida cristiana, y ahí se queda. No crece más.

Lo que debemos vivir es algo parecido a la figura 2.

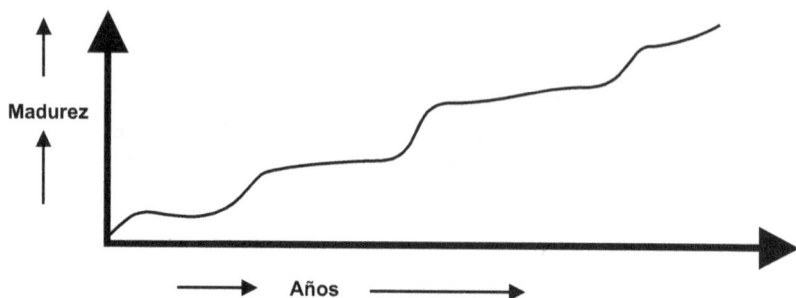

Esa persona tiene sus altos y bajos, pero el promedio es hacia arriba. Tiene sus problemas, ¡pero crece!

Lo que nosotros proponemos es ayudar a nuestros hermanos a crecer, a ser verdaderos discípulos de Jesucristo. Y capacitarse para conducir grupos participativos es una manera en la que usted puede ayudar a su iglesia en esa tarea.

1/ *Piense en su propia vida. ¿Cómo dibujaría su vida cristiana en la siguiente figura?*

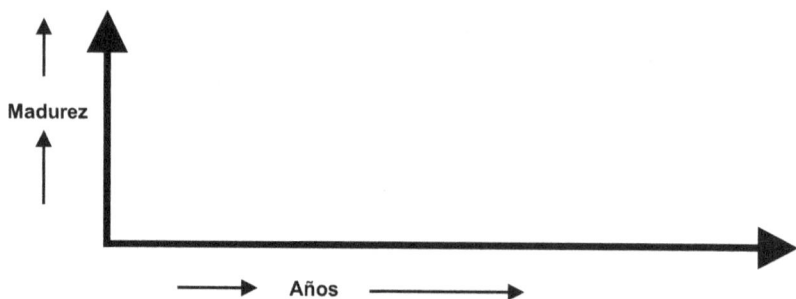

Pero sentimos que es necesario tomar un paso más.

2/ *¿Cómo entiende usted a Hebreos 5.12?*

Sabemos que todos comenzamos la vida cristiana como niños, "nacidos de nuevo". Pero también sabemos que Dios quiere que avancemos hacia la adolescencia y la madurez.

Entiendo que dejamos de ser niños cuando comenzamos a dar, y no solamente cuando recibimos. El niño es totalmente dependiente durante sus primeros años, pero debe crecer para llegar a alimentarse, vestirse, cuidarse solo.

Así el niño espiritual debe llegar al punto de ayudar a otros a crecer. Ese es el concepto que Pablo enfatiza en Efesios 4.16.

3/ *¿Cómo se evalúa a sí mismo a la luz de Efesios 4.16?*

En realidad, el modelo mismo de la mayoría de las iglesias estorba el crecimiento. Porque el modelo común es muy parecido al teatro. La gente entra, canta, escucha un mensaje y se va. Tienen una relación con la iglesia muy pasiva.

Y es difícil para un discípulo de Jesucristo crecer en ese contexto. Lo principal que recibe de la iglesia es un mensaje. Pero los erudítos insisten en que recordamos solamente una pequeña parte de lo que escuchamos.

4/ *Por ejemplo, ¿recuerda el tema principal de la predicación en su iglesia de hace dos semanas?*

Nuestro propósito se aclara con el lema de ECC:

"Más que enseñar, te ayuda a aprender"

En la mayoría de las actividades de la iglesia existe una relación profesor-alumno.

Profesor	**Alumno**
activo	pasivo
sabe todo	sabe nada
habla	escucha

El problema radica en que un predicador puede dar un mensaje excelente, o enseñar una clase brillante, pero:

* no sabe si le escuchan.
* no sabe si le entienden.
* no sabe si están de acuerdo.
* no sabe si tienen preguntas.

5/ *Explique las maneras en que el pequeño grupo participativo puede resolver esta falencia.*

A la luz de todo esto, proponemos el pequeño grupo participativo como una herramienta importante en la tarea de la iglesia de forjar discípulos de Jesucristo.

El primer paso es pensar en *cómo* estudiar la Biblia, tema de la próxima lección.

2 - El estudio inductivo

E l estudio inductivo es un método de estudio. Es una manera de ver las Escrituras; es casi una actitud.

El diccionario define a la "inducción" de la siguiente manera:

Razonamiento que va de lo particular a lo general, de las partes al todo, de los hechos y fenómenos a las leyes, de los efectos a las causas, etc.

Esto quiere decir que en el estudio bíblico inductivo se examina bien el pasaje antes de llegar a las conclusiones. Se ven primero las partes para luego entender el todo. Se aclara lo particular antes de llegar a lo general.

Quiere decir que no usamos un pasaje de la Biblia para comprobar nuestras ideas, sino como base para formarlas.

Por lo general, en el estudio inductivo hacemos tres clases de preguntas:

* ¿Qué dice el pasaje? (Observación)
* ¿Qué quiere decir? (Interpretación)
* ¿Qué me dice a mí? (Aplicación)

Un buen estudio tendrá un equilibrio entre estos tres aspectos. Los tres pasos son progresivos, y sugieren que la sana aplicación depende de la buena observación. Veámoslo más en detalle.

Observación

Observar es examinar el pasaje para ver lo que realmente dice. Por lo general, nuestra lectura es muy superficial, y no nos damos cuenta de una gran cantidad de datos importantes.

Es el mismo procedimiento que usa el médico cuando examina al paciente. Trata de reunir toda la información posible, acerca del paciente y su problema, antes de diagnosticar.

En la observación buscamos cosas como:

* Las personas principales.
* Detalles como el lugar, el tiempo etc.

- Palabras claves de enlace, tales como: entonces, pero, así que, así como, etc.
- Palabras oscuras o difíciles de entender.

Por ejemplo, lea Marcos 1:4-8 y luego examine las siguientes preguntas de observación a la luz del pasaje.

¿*Quién* fue Juan?
¿*Quiénes* estaban presentes?
¿Acerca de *quién* habla Juan?
¿*Qué* hizo Juan?
¿*Qué* hizo la gente?
¿*Cuál* fue el mensaje que predicó Juan?
¿*Cuándo* ocurrió? (Es decir, la relación entre este incidente y la historia del evangelio)
¿*Dónde* ocurrió?
¿De *dónde* venía la gente?

Estas son algunas preguntas típicas de observación. Obligan al grupo a examinar el pasaje, a buscar los hechos. Son preguntas que aclaran el contenido del pasaje antes de su interpretación.

Dos ayudas importantes son: primero, el diccionario. Conviene buscar las palabras oscuras y difíciles en el diccionario. Si los miembros del grupo no pueden dar una definición clara de una palabra, deben buscarla. Y segundo, conviene leer el pasaje de estudio en más de una versión de la Biblia. La comparación entre dos o más versiones ayuda a aclarar lo que el pasaje realmente dice.

Interpretación

Con la interpretación queremos llegar a conclusiones. Buscamos el tema (o temas) principal, y tratamos de entender lo que el pasaje dice acerca de ese tema.

Las dos palabras claves en la interpretación son "¿Por qué?", y debemos acercarnos al pasaje con preguntas como:

- ¿*Por qué* el autor escribió esto?
- ¿*Por qué* las personas dijeron tal cosa, o hicieron aquello?
- ¿*Cuál* es aquí el verdadero problema?
- ¿*Qué* relación tiene este pasaje con el que lo precede? (Contexto)

Si la interpretación es resultado de la buena observación, el grupo llegará a una comprensión del verdadero mensaje del párrafo.

A continuación hay algunas preguntas de interpretación sobre el pasaje que ya hemos visto, Marcos 1:4-8.

¿Cuál es el tema principal de estos versículos?
¿Cuál debe haber sido el propósito de Marcos (o el Espíritu Santo) al incluir estos versículos en su evangelio?
¿De qué manera es el arrepentimiento una preparación? (Juan vino para preparar...)
¿Qué relación hay entre arrepentimiento y confesión?
¿Qué significaba, para la gente, el bautismo de Juan?
Si no hubieran escuchado más que el mensaje de Juan, ¿cuál habría sido la esperanza de la gente?

Las preguntas de interpretación en el grupo de estudio obligan a los participantes a reflexionar sobre lo que el pasaje enseña; sus implicaciones, su relación con el mensaje de toda la Biblia, su propósito, etc.

Aplicación

En un sentido, éste es el paso más importante de los tres. Los primeros dos son necesarios, pero nos llevan a éste. El conocimiento, sin la aplicación, lleva a la muerte.

Pero en otro sentido, éste es el paso más difícil de los tres. El peligro es ser muy superficial, irreal, "piadoso". La aplicación debe ser algo que tenga un efecto práctico en nuestro quehacer diario.

Básicamente, hay dos clases de aplicación. Primero, la aplicación "general". Es algo que surge naturalmente de los mandatos, las advertencias y los ejemplos que vemos en un pasaje bíblico. En un sentido, son las cosas que todos podemos ver en el pasaje.

La otra clase de aplicación es la "personal", cuando pensamos "esto es para *mí*". Puede ser que ningún otro vea la misma aplicación, pero la Palabra me ha tocado; me ha hablado acerca de algo que debo aplicar a mi propia vida.

No podemos "programar" la aplicación personal: es el resultado del encuentro dinámico entre la Palabra, el Espíritu y la persona. Un estudio en grupos será un éxito verdadero cuando dé como resultado aplicaciones personales. Nuestra meta siempre debe ser cambiar vidas.

Para ilustrar lo antes dicho damos a continuación algunas preguntas de aplicación general sobre Marcos 1:4-8.

Si Juan estuviera aquí, ¿reaccionaría la gente a su mensaje de la
misma manera que aquella gente?
¿Hubiera sido usted un discípulo de Juan?
¿Qué podemos aprender de la actitud personal de Juan?
¿Debe existir la confesión de pecados en la iglesia de hoy?

Conclusión

Esta ha sido apenas una introducción al tema. Si desea ampliar
más el tema de la metodología inductiva, lo tratamos con más detalles en el cuaderno *Estudio bíblico*.

Su tarea

Parte uno

Previamente se deberá leer Marcos 1:40-45.
Damos dos ejemplos de cuáles pueden ser preguntas de observación sobre este pasaje:

¿Qué es la lepra?
¿Cuáles son los dos mandatos que dio Jesús al hombre?

1/ *Piense ahora en tres preguntas más de observación y escríbalas aquí.*

A continuación anotamos dos ejemplos de preguntas de interpretación:

¿Qué duda implican las palabras del leproso?
Jesús no tenía que tocar al leproso. ¿Por qué lo hizo?

2/ *Piense en dos preguntas más de interpretación:*

Aquí hay una posible pregunta de aplicación sobre este pasaje:

¿Qué clase de dudas tiene la gente de hoy en cuanto a Jesús?

3/ *Piense en otra pregunta de aplicación y escríbala aquí.*

Parte dos

Hablamos mucho de preguntas, porque este cuaderno propone el estudio de grupo en base a ellas. Según las pautas que hemos visto en esta lección, puede haber buenas y malas preguntas. Además de lo que hemos visto, otras tres pautas para las preguntas sobre un pasaje son:

- Que no sean muy fáciles. Deben estimular a que el grupo busque datos o piense en el pasaje. Generalmente una pregunta que se pueda contestar con un "sí" o un "no", debe ser seguida con un "¿Por qué?".
- Que no sean muy complicadas. La pregunta complicada es difícil

de entender, y difícil también para contestar. Damos un ejemplo de ellas:

Si tomamos por sentado que Pablo entendió bien la diferencia entre redención y santificación, y que su posición sobre ambas doctrinas se expresa en la carta a los Romanos, ¿cuál les parece hubiera sido su posición ante la madurez cristiana?

◆ La respuesta debe salir del pasaje mismo que están estudiando. Es decir, normalmente no se debe presuponer un conocimiento previo de la Biblia. Pueden haber preguntas de opinión, por supuesto. También algunas preguntas pueden pedir que se busque en un diccionario, o en un libro particular de la Biblia. Pero esas son excepciones. A menos que el estudio se base en un tema, es mejor concentrarse en el pasaje de estudio.

A continuación hay algunas preguntas sobre 2 Corintios 2:14-17. Según las pautas que hemos sugerido en esta lección, unas son buenas y otras malas. Indique en cada caso si la pregunta es de observación, interpretación o aplicación.

|1| ¿Cuáles son las dos razones por las que Pablo da gracias a Dios?
Clase de pregunta: . . . .

|2| ¿Qué es el aroma del cual habla en este pasaje?
Clase de pregunta: . . . .

|3| ¿El mensaje del cual Pablo habla es la Palabra de Dios?
Clase de pregunta: . . . .

|4| ¿Por qué el aroma es diferente para diferentes personas?
Clase de pregunta: . . . .

|5| ¿Quiénes son los que se pierden?
Clase de pregunta: . . . .

|6| Explique cómo el incienso utilizado en el culto judaico se relaciona con el incienso del que habla Pablo.
Clase de pregunta: . . . .

|7| Pablo habla de los que andan "negociando con el mensaje de Dios". ¿Quiénes eran ellos?

Clase de pregunta: . . . .

|8| Según Pablo ¿cómo se debe hablar el mensaje?

Clase de pregunta: . . . .

|9| ¿Qué significa hablar delante de Dios?

Clase de pregunta: . . . .

|10| ¿De qué manera podemos nosotros ser culpables de andar "negociando con el mensaje de Dios"?

Clase de pregunta: . . . .

|11| El v. 16 pregunta: "¿Y quién está capacitado para esto?" ¿Cómo contestaría usted esa pregunta?

Clase de pregunta: . . . .

Anote en este espacio y la siguiente página cuáles de esas preguntas son malas, y explique en cada caso por qué lo son:

3 - El estudio en grupo

Existen varias diferencias fundamentales entre el estudio en grupo y la reunión con un predicador. Por ejemplo, el hecho de que el estudio de grupo estimule a la participación de todos, ya es una experiencia diferente.

Uno de los requisitos que debe tener el grupo es no ser demasiado grande, comenzando por supuesto con un mínimo de dos personas, como en la obra personal. Aunque por lo general, para tener los máximos beneficios del método, conviene que el grupo no sea de más de 12 personas. Si son más de 12, lo mejor será dividir el grupo en dos.

Encontramos varios beneficios en el grupo participativo:

1 Nos obliga a pensar en nuestra fe

Uno puede escuchar un sermón sin pensar... ¡y a veces lo hacemos sin oir! Pero en el grupo, la tarea de estudiar está repartida. Los miembros leen, preguntan, responden, dialogan, opinan. Un énfasis del método es la participación de todos, lo cual obliga a que todos se mantengan atentos.

La realidad es que no estamos acostumbrados a pensar. Nuestra fe tiende a ser la de un grabador: podemos repetir muchas verdades que hemos oído vez tras vez, pero realmente no las comprendemos. La persona que participa en un estudio en grupo rápidamente se da cuenta de lo poco que ha analizado su fe.

La posibilidad, y hasta cierto punto, la necesidad de participar, nos estimula a pensar.

2 Nos permite expresar dudas y preguntas

Muchos creyentes tienen dudas y preguntas que nunca han podido resolver, sencillamente porque no hay oportunidad para hacerlo. No encuentran ocasión en las reuniones normales de la iglesia, y se sienten avergonzados para preguntárselo a alguien. Pero, normalmente, en el ambiente abierto del estudio en grupo, se presenta esa oportunidad.

Por esta razón es importante que haya completa libertad en el grupo:

- Libertad para preguntar una cosa sin que los demás nos vean como ignorantes. En el grupo nunca hay preguntas "tontas"...

todas son importantes para la persona que las hace.

♦ Libertad para equivocarnos, sin que los demás se rían de nosotros.

♦ Libertad para disentir con una persona —o aun con todo el grupo— sin que haya reacciones.

♦ En esencia, libertad para hablar con amigos y hermanos sobre el tema más importante de la vida.

3 Nos ayuda a comunicar nuestra fe

Para un buen porcentaje de creyentes, su participación en la vida de la iglesia se limita a escuchar lo que dicen otros. Les cuesta mucho conversar acerca de Jesucristo; no saben explicarse, no están acostumbrados a hablar acerca de las cosas de su fe, sino sólo a escuchar. Pero Pedro insta a que *todos* debemos estar preparados a responder sobre lo que creemos (1 P 3:15). Existe una regla sencilla: si no podemos comunicar una verdad a otra persona, es que todavía no la comprendemos realmente. El trabajo en grupo nos obliga a expresarnos, explicarnos, en fin, a comunicarnos.

Un trabajo importante para la persona que dirige el estudio es estimular esta dinámica. Normalmente deberá repetir, una y otra vez, frases como:

¿Lo puede explicar?
Deme un ejemplo de lo que dice.
Dígalo como si yo fuera una persona que nunca hubiera visto una Biblia.

4 Crea una verdadera comunión

Demasiadas veces la vida en la iglesia es parecida a un viaje en ómnibus. Estamos juntos, y todos vamos hacia la misma meta, sin embargo, no hay una relación entre nosotros.

Pero uno de los resultados importantes del trabajo en grupo es que llegaremos realmente a conocernos. Iremos luchando juntos para encontrar la verdad, y también maneras de aplicarla. Compartiremos nuestras experiencias en la vida cristiana, nuestros problemas, y trataremos de ayudarnos mutuamente. De esa experiencia de dar y recibir el uno del otro, nacerá la comunión.

Cualquier persona con experiencia en el trabajo en grupos puede contar del impacto que produce. Para la mayoría de los creyentes es pasar de la vida cristiana pasiva, de espectador, a una participación plena. Si es cierto que nuestra tarea como discípulos de Jesucristo es cambiar vidas, entonces muchos pueden testificar de que esta es una manera probada de hacerlo.

Su tarea

Vamos a estudiar un pasaje de la Biblia que da una base teológica al trabajo en grupos. Si bien es cierto que es un trabajo que da resultado, también sentimos que responde a principios bíblicos muy importantes.

El pasaje que vamos a estudiar es Efesios 4:11-16. Hay muchas cosas de valor que podríamos ver en este pasaje, pero vamos a limitarnos a los aspectos relacionados con nuestro tema.

La palabra que mejor resume el tema de este pasaje es "madurez". Dios quiere que crezcamos, nos describe la meta y cómo podemos llegar a ella.

1/ *Primero, en base a este pasaje, describa lo que es la inmadurez.*

2/ *De la misma manera, describa lo que es la madurez; hágalo en sus propias palabras, no en las de Pablo.*

3/ *Según el v. 13, una característica de la madurez debería ser la unidad, tema muy frecuente en el Nuevo Testamento. Con el fin de comprender mejor este concepto, explique la diferencia entre unidad y uniformidad.*

4/ *¿Por qué no es conveniente exigir la uniformidad en la iglesia?*

La primera parte del pasaje habla de los líderes de la iglesia, y su función de llevar a la misma hacia la madurez. Note que su tarea es: "...preparar a los santos para la obra del ministerio..." Los santos (nosotros) tenemos una obra que hacer, un ministerio que realizar; los líderes tienen la responsabilidad de entrenarnos para que podamos cumplir con ese ministerio.

5/ *¿Cuál sería esa "obra de ministerio" y en qué consistiría nuestra tarea?*

Se ve claramente en el pasaje que la misma iglesia tiene parte en el proceso, es decir, que el camino hacia la madurez no depende solamente de los líderes; también la congregación tiene una parte fundamental.

6/ *Piense cómo la iglesia puede poner en práctica el v. 16. Dé ejemplos específicos.*

Para meditar

Podemos pensar en la madurez desde dos perspectivas: la madurez de cada creyente, y la madurez de la comunidad. Hemos pensado ya en la madurez individual, y además este pasaje sugiere algunas pautas para definir la madurez comunitaria. De esto surgen tres preguntas:

1/ *¿Cómo se define la madurez a nivel de grupo?*

2/ *¿Qué relación existe entre la madurez individual, y la comunitaria. ¿Son factores independientes? ¿Dependen el uno del otro? ¿Cómo es esa relación?*

3/ *¿Qué podemos hacer como individuos, para forjar la madurez comunitaria?*

Conclusión

¿Qué relación hay entre el estudio bíblico que acabamos de terminar ahora, y el tema de esta lección?

4 - La dinámica de grupo

El mero hecho de formar pequeños grupos de estudio no es ninguna garantía de lograr algo positivo. Depende de cómo funcione el grupo.

Todo grupo tiene alguna estructura, un modo de funcionar. Muchas veces no nos damos cuenta de esa estructura, pero siempre existe, excepto que haya un completo caos.

Y lo que el grupo logra depende en gran manera de esa estructura. La relación entre el líder y los miembros, además de la relación entre ellos, tiene una gran influencia en el desarrollo de la tarea del grupo.

Quienes trabajan sobre este tema reconocen, por lo menos, cuatro posibles estructuras para un grupo.

1 La estructura autocrática

En esta clase de grupo existe una persona que es el líder, el maestro. El hace todas las decisiones, él dicta las clases. Normalmente no permite —o por lo menos no anima— la participación del grupo.

Es la forma típica de una reunión de enseñanza en la mayoría de las iglesias. En esta estructura, los miembros reciben pasivamente de su líder.

Esta estructura no es mala en sí; tiene un lugar importante en la obra de la iglesia. Pero sí tiene sus limitaciones, especialmente en la tarea de forjar discípulos.

2 La estructura paternalista

En este caso, el líder no es tanto la Autoridad, sino el "padre", o tal vez el "tío" del grupo. La relación es más informal, perso-

nal, entre él y los miembros. El, por supuesto, sabe más y es más capaz. Pero en contraste con el caso anterior, permite la participación del grupo ...aunque, por supuesto, él siempre tiene la última palabra.

Esta estructura es muy común en la clase de escuela dominical, donde los miembros del grupo respetan al maestro, y se llevan bien con él; sin embargo, él es el maestro. El grupo depende de él, en parte porque él lo mantiene así.

Esta estructura tiene ventajas sobre la anterior en la tarea de forjar discípulos, sin embargo, todavía tiene sus limitaciones.

3 La estructura permisiva

En este caso, el líder cree en la libertad. Para él, la manera de dirigir es no dirigir. Permite al grupo tomar el rumbo que quiere, mientras él observa, y apenas participa.

No tiene autoridad en el grupo, y no frena las discusiones, y aún divisiones, que a menudo ocurren en el grupo sin rumbo.

Esto es lo que *puede* ocurrir en una reunión de hogar, por ejemplo, y por esta misma razón hay personas que se oponen a esas reuniones. O a veces es lo que vemos en un grupo de jóvenes.

4 La estructura participativa

Llegamos a lo que proponemos como la estructura más apropiada para nuestros propósitos. En este caso el líder es parte del grupo, pero con una función particular. No lo domina, pero tampoco lo abandona a su suerte. El tiene una cierta responsabilidad de guiar y coordinar el grupo, sin embargo el éxito depende tanto de él como de los demás miembros. Esto lo vemos con más claridad en la siguiente sección donde explicamos más específicamente su función.

Con esta estructura tratamos de acercarnos a los principios de

Efesios 4:11-16 que ya estudiamos, y donde vimos que la iglesia se edifica, con la plena participación de todos, llevándolos hacia la madurez.

Terminamos esta sección con algunos comentarios sobre el ambiente del grupo. Muchas veces el ambiente tiene tanto impacto como el estudio mismo, especialmente en grupos que se forman para la evangelización.

Primero, el ambiente no debe ser el de una clase, sino el de un encuentro familiar, o un encuentro de amigos. Vemos en Efesios 4 que debe haber lazos de amor, de una preocupación del uno por el otro. Además, tomar mate o café ayuda a crear un ambiente cálido e informal. Que haya un poco de risa de vez en cuando, ayuda a romper el hielo de la formalidad.

Y segundo, debe haber en el ambiente una corriente de profunda honestidad, tanto entre los miembros del grupo, como frente a la Palabra de Dios. Una actitud donde enfrentamos a la Palabra y a los desafíos de la vida cristiana con una mente abierta.

Por supuesto, como hemos visto, mucho depende de la estructura. Sin embargo, también es responsabilidad de la persona que dirige. En cierto sentido el dirigente determina el ambiente. Si él muestra amor, honestidad, humildad frente a la Palabra, entonces su actitud afectará profundamente a los demás.

Su tarea

Su tarea, esta vez, será hacer una evaluación de las cuatro estructuras de grupos que hemos visto.

1/ *En el caso de la estructura autocrática,*
   a) ¿Cuáles son las ventajas de esa estructura?

   b) ¿Cuáles las desventajas?

2/ *La estructura paternalista es parecida a la autocrática, sin embargo tiene ciertas diferencias importantes.*

a) ¿En qué aspectos es mejor que la estructura autocrática?

b) Aunque sea mejor que el caso anterior, tiene sus desventajas. ¿Cuáles son?

3/ *En cuanto a la estructura permisiva.*

a) ¿Hay algo de valor en esta estructura? ¿Qué puede tener de positivo?

b) ¿Cuáles son sus principales desventajas?

4/ *De la misma manera, en cuanto a la estructura participativa:*
   a) ¿Qué ventajas tendrá esta estructura comparándola con las otras tres?

   b) ¿Qué desventajas puede haber?

5/ *Sugerimos en la explicación que la estructura participativa puede ser la mejor para el estudio inductivo en grupo. ¿Qué razones habrá para esta opinión?*

5 - El guía

Hasta aquí hemos utilizado la palabra "líder" al referirnos a la persona que dirige un grupo de estudio, pero nos parece que el título de esta lección es una designación mucho más apropiada.

No podemos llamarlo líder, ni tampoco maestro, ya que su tarea es diferente. Para describirla emplearemos cuatro palabras distintas.

1 Guía

El grupo de estudio deberá reunirse con un propósito. Tendrá un tema o un pasaje de la Biblia para estudiar, y deberá llegar a conclusiones y aplicaciones.

El trabajo del guía, entonces, es ayudar a que el grupo llegue a sus metas. Traza un camino; guía en los obstáculos; evita desvíos. Es muy fácil que un grupo gaste todo su tiempo disponible discutiendo algo "interesante" que no los lleva a ninguna parte. El guía es quien ayuda a que se siga adelante, a fin de llegar a la meta en el tiempo programado.

2 Estimulador

Por un lado, el guía estimula al grupo a pensar. Insiste en aclaraciones de respuestas que no son claras, y no acepta respuestas demasiado fáciles. Trata de introducir preguntas que lleven a la reflexión. Su exigencia más frecuente será: "Explíqueme..."; o su pregunta más común será: "¿Por qué...?"

Por otro lado, estimula la participación de todos. Es muy fácil que una o dos personas dominen el estudio, mientras los demás se quedan callados. La tarea del guía será entonces frenar a algunos, y estimular la participación de otros.

En la práctica se dan dos extremos: O nadie habla, o todos hablan a la vez. El guía necesita ser un buen moderador para encontrar el equilibrio.

3 Coordinador

Coordinar es concertar esfuerzos para una acción común. Es ayudar a los diferentes miembros del grupo a funcionar en conjunto, a llegar juntos a la meta.

El guía necesita escuchar con mucha atención a todos. Por un lado, para pedir aclaraciones cuando sea necesario, y por otro lado, para estar seguro de que la discusión está siguiendo el rumbo correcto. Una parte de su coordinación será vigilar el tiempo. Si ha trazado de antemano el camino que el grupo debe seguir, entonces sabrá cuándo terminar la discusión de una pregunta o tema y proseguir con la siguiente.

A veces conviene que haga un breve resumen de los aportes acerca de un punto antes de seguir adelante. Otras veces deberá llamar la atención del grupo sobre un aspecto importante. Ya que la estructura participativa implica que todos los miembros del grupo tomen parte en la actividad del mismo, es el coordinador quien ayuda a todos a funcionar de una manera unida, y asegura que unidos cumplan la tarea que tienen por delante.

Es importante recordar que el grupo no tiene que estar de acuerdo en todo. Puede ser que una discusión se resuelva con dos posibles respuestas, y que en ese momento el grupo no tenga los recursos necesarios para decidir cuál es la más correcta. Esto es lo normal, y ocurrirá si el grupo es honesto. Son *muchos* los aspectos de la verdad de Dios que todavía no entendemos bien. Por lo tanto es necesario ser honesto y decir "no sé" antes que obligar a decisiones prematuras.

Tampoco es necesario que el grupo resuelva todos los problemas, por las mismas razones que mencionamos arriba.

No es necesario que haya una persona presente que siempre dé la interpretación "correcta y oficial". Lo que queremos es fomentar un espíritu de investigación, de cierta inquietud para que sigan estudiando, conociendo cada vez mejor la mente del Señor. La presencia de una autoridad con todas las respuestas normalmente aplasta ese espíritu.

4 Eslabón

Un eslabón es lo que sirve para unir dos cosas, y en este caso, el guía es el intermediario entre el grupo y la Palabra. Busca un encuentro; intenta que el grupo se enfrente con la Palabra y lo que ella dice para cada uno.

Será importante aclarar que el guía no tiene que saberlo todo. En el grupo puede haber alguien que sepa más que él... y tanto mejor. Puede aprovechar el conocimiento de este hermano para el bien de todo el grupo.

Pero aunque no tiene que saberlo todo, sí debe prepararse mejor que los demás. Debe conocer bien las preguntas y posibles problemas, aunque no siempre tenga las respuestas. En este sentido tiene que ser honesto, y no fingir que sabe más de lo que realmente sabe... el guía siempre va aprendiendo junto con los demás.

Su tarea

Supongamos que usted es el guía de un grupo, y en el transcurso del estudio, encuentra las siguientes situaciones. Explique lo que haría en cada caso. Sea muy específico en cuanto a cómo manejaría la situación.

Para cada una de estas situaciones no habrá una sola respuesta "verdadera", sino mejores o peores maneras de actuar.

1/ *En el transcurso de un estudio, y en forma de aplicación, Juan menciona la necesidad de que seamos buenos mayordomos de nuestras posesiones, pero doña Elva comienza una queja enérgica contra los precios de la carne, la inflación, el verdulero, etc.*

2/ *Susana siempre sigue todo el estudio con atención, pero nunca participa.*

3/ *Juan a menudo se entusiasma con un tema, y lanza largos discursos con sus opiniones.*

4/ David y Pedro no están de acuerdo sobre un punto importante, y comienzan una discusión acalorada entre ellos dos.

5/ Cada vez que Gloria comienza a hablar, su madre se interpone para "aclarar" lo que su hija está diciendo.

6/ Usted está seguro de que su respuesta a una pregunta es la correcta, sin embargo, el grupo no la acepta.

7/ Cuando usted hace una pregunta, Eduardo siempre es el primero en responder.

8/ Marina muchas veces da su respuesta, pero casi siempre es muy "trillada" (Por ejemplo: "Hay que tener fe."). Una buena parte de sus respuestas son sencillamente una copia del pasaje bíblico.

9/ Pablo responde pocas veces, pero cuando lo hace, lo que dice no tiene nada que ver con el tema.

6 - A manera de aplicación

Hemos visto dos factores que influyen en el desarrollo del grupo de estudio: su estructura, y el guía. La estructura participativa crea una dinámica de grupo que estimula el proceso de aprendizaje; pero es el guía quien determina si esa estructura funciona o no.

Usted es la persona clave. Su entusiasmo, su honestidad, son los que crean el ambiente en el grupo. Usted es quien tiene que estimular el clima de aceptación y apertura esencial para el diálogo constructivo.

Recuerde que la tarea no es "hacer un estudio", sino cambiar vidas. El guía debe considerarse un forjador de discípulos. Procure que el grupo se enfrente con toda seriedad a la Palabra de Dios, y a sí mismo. Busque crear un ambiente donde el grupo pueda edificarse en amor (Efesios 4:16).

En un sentido, es mucho más fácil dictar una clase que ser guía de estudio. El que dicta una clase simplemente habla. Pero el guía necesita escuchar, responder, preguntar, a veces explicar. Tiene que ser muy sensible al estudio mismo, y también a cómo el grupo está reaccionando al estudio.

Pensemos un momento cómo el guía debe prepararse para esta tarea. Son varias las cosas que se deben tomar en cuenta.

◆ Necesita empaparse en el tema o pasaje del estudio. Si es un estudio bíblico, entonces conviene que haga su propio estudio inductivo del pasaje antes de prepararse para guiar un estudio en grupo. Si es un estudio de tema, entonces conviene examinar bien los pasajes bíblicos correspondientes, y leer todo lo relacionado con el tema.

Si el guía está compenetrado en el tema del estudio, entonces estará en condiciones de sentir si el grupo lo ha podido comprender o no. Podrá ver los errores, o preguntar acerca de algo que falte en la discusión.

◆ Debe manejar bien el cuaderno de estudio. Necesita seguir el argumento del autor, reflexionar sobre las preguntas y sus posibles respuestas, pensar en otras preguntas que aclaren, o lleven al grupo hacia la aplicación.

Repetimos: el guía no necesita saber todas las respuestas, pero sí debe conocer bien al estudio, y es posible que el grupo le ayude a encontrar respuestas que él no había visto.

◆ Necesita pensar en el grupo y sus necesidades y capacidades. La manera de conducir el estudio será diferente si el grupo es de evangelización, o si es un grupo de jóvenes comprometidos, etc. Siempre se debe preparar el estudio a la luz de cómo es el grupo.

◆ Necesita tener un plan de estudio. ¿Piensa cubrir toda la lección, o será mejor dividirla en dos sesiones? ¿Ha pensado en una introducción y una conclusión apropiadas? ¿Ha pensado cuánto tiempo se puede dedicar a cada parte del estudio? ¿Ha pensado en posibles aplicaciones para este grupo en particular?

Terminamos esta lección dando ejemplos o situaciones donde el estudio en grupo es una herramienta útil.

La obra personal. Esta es la situación más simple usted y otra persona se sientan para hacer un estudio juntos. Conversan acerca de las preguntas y las respuestas. Dialogan como amigos acerca del tema, tomando como base el estudio elegido. Conviene, por supuesto, que previamente los dos hagan el estudio.

Esta clase de estudio puede hacerse con una persona no creyente, o alguien que recién se convirtió.

Reuniones caseras. La reunión casera es una herramienta muy útil para la evangelización que ha dado frutos en innumerables iglesias. Debe ser una reunión familiar, informal, sin las características de una reunión de "iglesia". Sin embargo, el estudio esencialmente se hace de la misma manera.

Escuela dominical. Para adolescentes o jóvenes, el estudio participativo es lo ideal. Estos grupos responden poco a una clase dictada, pero se entusiasman cuando pueden tomar parte activa en ella.

Reunión de enseñanza. En muchas congregaciones la reunión de enseñanza tiende a limitarse a un sermón devocional, y esta es poco estimulante. La aplicación del estudio inductivo en grupos ha despertado a más de una congregación.

Podemos seguir haciendo una lista de las posibles aplicaciones, y veremos que son muchas. Pero lo importante es ver que aquí hay algo que usted puede hacer. Usted está en condiciones de hacer, por lo menos, un estudio con otra persona. Puede ayudarle a encontrarse con Jesucristo, o a crecer en la vida cristiana.

¡Manos a la obra!

Su tarea

La tarea será esta vez hacer un resumen de lo que hemos visto hasta ahora. Vamos a "atar hilos" y pensar en las aplicaciones. En esta tarea pedimos que exprese *su* opinión, y relate lo que usted entiende, sin repetir las palabras del cuaderno.

1/ *¿Qué entiende usted por un estudio inductivo?*

2/ *¿Cuáles son, para usted, los valores principales del estudio en grupo?*

3/ *¿Cuál es, en esencia, la tarea del guía en el grupo de estudio?*

4/ *¿Cómo debe prepararse el guía para conducir un estudio en grupo?*

5/ *¿Cómo debe actuar el guía para que el estudio sea realmente participativo?*

Aunque hemos hablado poco de las diferentes aplicaciones, es fácil darse cuenta de que cada aplicación tendrá sus características especiales. Por ejemplo, una reunión casera para la evangelización no será la misma que para enseñanza en la iglesia.

6/ *¿Qué características especiales debe tener:*
    a) Una reunión de hogar para la evangelización?

    b) Una reunión de mujeres?

    c) Una clase de jóvenes en la Escuela Dominical?

d) Un encuentro con un nuevo creyente?

7/ *Piense en situaciones de su iglesia donde convendría aplicar este método de estudio.*

7 - Ejercicios prácticos

Para dirigir un grupo de estudio necesitamos tres cosas: la teoría en cuanto a cómo hacerlo; la práctica; y una evaluación para saber si lo hacemos correctamente.

Normalmente los que dirigimos grupos de estudio no nos damos cuenta de qué manera lo hacemos. Muchas veces tenemos errores que el grupo observa mejor que nosotros.

En las siguientes sesiones, entonces, uno o más miembros del grupo dirigirá un estudio, y los demás harán después una evaluación de su trabajo. Hace bien a todo el grupo preguntarse: ¿Estuvo bien el estudio? ¿Por qué?

Las preguntas que utilizarán en la evaluación del guía de los estudios son:

1 - ¿Estimuló la discusión? ¿Hizo trabajar al grupo, o habló demasiado él mismo?

2 - ¿Realmente escuchó a los demás?

3 - ¿Hizo participar a todos los miembros del grupo, o permitió a unos pocos dominar la discusión?

4 - ¿Estuvo preparado? ¿Sabía a dónde iba?

5 - ¿Llevó al grupo a una conclusión clara? ¿Puede usted, como miembro del grupo, decir ahora la idea principal del estudio y sus aplicaciones?

6 - En general, ¿fue bueno o malo el estudio? ¿Por qué?

7 - Por último, si tuviera que calificarlo, ¿qué promedio le daría? (1 a 10)

Recuerden que estas preguntas son para evaluar la manera en que el guía actuó en el estudio. Tienen el propósito de hacer una crítica *constructiva*, de manera que en la próxima oportunidad, lo haga mejor.

En las páginas siguientes, hay siete estudios que el grupo puede utilizar para ensayar lo que ha aprendido en cuanto a la conducción de grupos. Algunos son más fáciles que otros, y se debe seleccionar los estudios según la capacidad del grupo. Recomendamos que utilicen los estudios de esta manera:

• Dividir el número de participantes en grupos de 5 a 6 personas. Sugerimos que se mantengan los mismos grupos para los estudios de práctica.

• Asignar la conducción de los estudios a personas diferentes para cada estidop, para que participen el mayor número de personas.

• Calcular un mínimo de 45 minutos para el desarrollo de cada estudio, y 15 minutos para la evaluación de la conducción del estudio.

• Recordemos que la evaluación que se hace en cada grupo tiene el propósito de ayudar a la persona que dirigió a hacerlo cada vez mejor. La evaluación y crítica deben ser constructivas, con miras a ayudar a *todos* los participantes a descubrir en la práctica los aspectos esenciales de la conducción de un grupo.

• Si es posible, conviene que todos se junten después de los estudios para tener una discusión sobre los posibles problemas con los estudios, y para compartir sus experiencias en la dirección y evaluación.

Aunque estos estudios tienen valor en sí, recuerden que el propósito principal es compartir una experiencia en conducir grupos de estudio. Sin distraer demasiado la atención en el estudio mismo, traten de observar cómo funcionan el guía y el grupo. Observe al grupo en acción, para sacar conclusiones en cuanto a cómo ser un mejor guía cuando le toque dirigir.

Estudio 1   Mateo 5:13-16

Este pasaje utiliza dos figuras para describir la acción del cristiano en el mundo.

1/ *¿Qué función habrá tenido la sal en los tiempos de Jesús?*

2/ *Específicamente, ¿de qué maneras prácticas los cristianos demostramos nuestra "salinidad"?*

3/ *¿Dirías que los cristianos realmente somos sal, actualmente? Explica.*

4/ *¿Qué debo hacer para que sea yo sal en mi mundo diario?*

Hay que recordar que la sal de esa época no era pura, y era posible tener "sal sin sabor".

5/ *Si nosotros perdemos nuestro "sabor", ¿qué hemos perdido?*

6/ *¿Cómo lo podemos recuperar?*

7/ *El Señor también dice que somos luz. ¿De dónde viene esa luz?* (Noten 1 Juan 1:5; Efesios 5:8)

8/ *¿Qué efecto tiene la luz?*

Noten que "oscuridad" es simplemente la falta de luz. Noten también Juan 1:5. Es imposible que la oscuridad venza a la luz.

9/ *Sin embargo, no siempre se ve nuestra luz. ¿Por qué? Explica.*

10/ *Al final de cuentas, ¿por qué es tan importante que seamos sal y luz?*

Estudio dos   Mateo 5:43-48

Este primer estudio se refiere a la madurez cristiana. La palabra "perfecto" en el v. 48 se traduce, a veces, como "completo" o "maduro". El Señor aquí toca uno de los aspectos fundamentales, pero también difíciles, de la vida cristiana.

1/ *Primero, ¿cuáles son los verbos que definen cómo debemos tratar a las personas que no son nuestros amigos?*

Ya sabemos que debemos amar al prójimo... es uno de los temas que tratamos a menudo. Aunque a veces nuestro concepto de lo que es el amor es muy superficial.

2/ *¿Cómo definiría el amor? ¿Cómo una emoción, un estado de ánimo, o qué?*

Amar al hermano, o al prójimo es un tema; amar al enemigo es otro.

3/ *Primero, ¿quién es ese enemigo al cual se debe amar?*

4/ *¿Qué es amar al enemigo? Sean reales y específicos.*

El pasaje que estamos estudiando habla también de orar por los que nos persiguen (v. 44).

5/ *¿Cómo debo orar por mi enemigo? ¿Qué debo pedir?*

6/ *Los vv. 46 y 47 dan ejemplos de un mismo principio.*
a) ¿Cuál es ese principio?

b) ¿Cómo lo podemos aplicar a nuestro mundo actual?

El v. 48 es la conclusión del pasaje. En un sentido, es un resumen.

7/ *¿Qué tiene que ver este versículo con lo que Jesús acababa de decir?*

8/ *En resumen, ¿qué quiere enseñarnos Jesús en estos versículos?*

Estudio 3   Mateo 7:1-5

La experiencia de muchos es que este tema es uno de los más necesarios para la vida sana de una iglesia.

1/ *¿Qué es "juzgar" a otros?*

2/ *¿Es siempre malo juzgar a otros?* (Noten Juan 7:24; 1 Juan 4:1)

3/ *¿Qué, entonces, es lo que no debemos hacer?*

4/ *¿Cómo interpretas el v. 2?*

5/ *¿Qué otras consecuencias negativas puede haber para la persona que juzga a otros?*

6/ *En los vv. 3-5 Jesús habla de los "hipócritas". ¿Qué es un "hipócrita"?*

Es difícil, casi imposible, vernos a nosotros mismos con objetividad. Todo el mundo ve esos "troncos", menos nosotros mismos.

7/ *¿Cómo podemos reconocer ese "tronco" y eliminarlo?*

8/ *¿Qué debemos hacer, entonces, si creemos con sinceridad que un hermano tiene un problema y que nos toca ayudarlo?*

Estudio cuatro   Mateo 7:21-27

Aunque nuestras Biblias separan este pasaje en dos partes, realmente es un solo planteo. El v. 24 indica que lo que sigue es una conclusión de lo anterior.

El Señor dice que solamente los que hacen la voluntad de su Padre entrarán en el reino.

1/ *¿No son las cosas enumeradas en el v. 22 la voluntad del Padre?*

2/ *¿Cómo puede ser, entonces, que el Señor los llame "hacedores de mal"?*

Piensa en nosotros y nuestras iglesias.

3/ *¿Es posible para nosotros hacer el bien, pero realmente hacer el mal? Explica.*

4/ *¿Cuál es la raíz del problema?*

5/ *El v. 24 da su conclusión (La VP dice "por tanto...; la RV dice "Cualquiera, pues..."). Identifiquen:*
   a) el fundamento. (Noten 1 Corintios 3:11)

   b) lo que se construye encima.

   c) la tormenta.

6/ *¿Cómo responden los vv. 24-27 al planteo de los vv. 21-23?*

7/ *En 1 Corintios 10:12 Pablo advierte: "...el que cree estar firme, tenga cuidado de no caer." ¿Cómo podemos estar seguros de quedarnos de pie, tanto ahora como en el día del juicio?*

Estudio cinco   Romanos 12:3-8

El tema de este pasaje está relacionado con nuestro servicio en la iglesia. Aquí usa la figura del cuerpo de Cristo, y los dones que Dios nos da para su servicio en ella.

1/ *Noten primero el v. 3 donde Pablo habla de la actitud que debemos tener hacia nosotros mismos.*

a) ¿Es posible vernos a nosotros mismos de una manera objetiva, es decir, sin prejuicios? Explique.

b) ¿Con qué regla debemos medirnos a nosotros mismos? ¿Con qué nos vamos a comparar?

2/ *¿Qué tiene que ver el v. 3 con el v. 4?*

Los vv. 4 y 5 hablan de la iglesia como el cuerpo de Cristo, y destacan que en ese cuerpo, somos miembros los unos de los otros.

3/ *¿Qué necesitamos los unos de los otros en ese cuerpo?*

El tema principal de este pasaje son los dones. En total, Pablo menciona siete de ellos.

4/ *Si tuviera que agrupar estos dones en tres o cuatro categorías similares, ¿cómo lo haría?*

5/ *¿Cuáles de los dones de esta lista requieren una manifestación sobrenatural?*

6/ *¿Podemos decir que una persona que se haya recibido de maestro, y esté enseñando en un colegio, tenga el don de enseñar? Explique por qué.*

7/ *En cuanto a estos dones:*

a) ¿Puede nombrar a personas en su iglesia que tengan uno o más de estos siete dones?

b) ¿Tiene usted uno de ellos? ¿Cuál?

La lista de dones que Pablo da aquí es muy práctica, y menciona capacidades que toda congregación necesita. Son dones que Dios da para que la iglesia funcione como debe.

8/ *En resumen, ¿cómo debemos utilizar nuestros dones?*

Estudio seis   2 Corintios 4:1-6

Este estudio tiene que ver con la manera en que comunicamos el mensaje de Dios. En el capítulo tres Pablo explica algo de la naturaleza de nuestro mensaje, y en estos versículos habla de cómo predicarlo.

1/ *Primero, según Pablo, ¿cuál es el tema principal del mensaje?*

2/ *¿Cuál debe ser nuestra meta al presentar este mensaje?*

Pablo da aquí varias recomendaciones en cuanto a cómo debemos comunicar el evangelio.

3/ *Haga una lista de las cosas que no debemos hacer cuando presentamos el evangelio.*

4/ *¿Somos culpables de los errores mencionados en la pregunta tres? Traten de pensar en ilustraciones de cómo nosotros podemos hacer lo mismo.*

Obviamente muchos no aceptaban el mensaje de Pablo, como también hoy muchos lo rechazan.

5/ *Según Pablo, ¿cuál es la razón?*

6/ *¿La solución al problema de la pregunta anterior se encuentra solamente en Dios, o hay algo que también podemos hacer nosotros?*

7/ *Noten que en el v. 6 Pablo cita Génesis 1:3. ¿Con qué propósito lo hace?*

Algunos han dicho que cuando presentamos el evangelio, debemos usar las mismas técnicas que usan los expertos en ventas para persuadir a la gente de que acepte a Cristo.

8/ *¿Qué dice Pablo al respecto?*

9/ *¿Hay algo en este pasaje que le ayudaría a usted en su presentación del mensaje?*

Estudio siete   1 Corintios 3:10-17

Pablo utiliza dos figuras en este capítulo para describir la obra del siervo de Dios. La primera es la del agricultor y su campo; la segunda es la de un constructor y el edificio que construye.

En este estudio vamos a examinar la segunda figura. En sí, la figura es sencilla, y está relacionada con lo que vimos en Efesios 4: el obrero trabaja en la edificación de la iglesia. Ya que nosotros tenemos la tarea de cambiar vidas, de hacer discípulos, el estudio se aplica directamente a nosotros.

1/ *Pablo habla de tres etapas distintas en la construcción del edificio. Haciendo una comparación, complete a qué corresponde:*

a) poner el fundamento.

b) construir encima de él.

c) la inspección de la obra.

2/ *¿En qué sentido Jesucristo es el fundamento del edificio?*

Sobre el fundamento, edificamos. Pero hay una advertencia en el v. 10.

3/ *¿Por qué debemos tener cuidado de cómo construimos? (dos razones)*

4/ *Noten los materiales para la construcción mencionados en el v. 12.*

a) Estos materiales, ¿son simbólicos de qué realidad?

b) ¿Con qué elementos es más fácil construir algo? ¿Por qué?

Pablo dice que en el día del juicio se revelará qué clase de obra hemos hecho.

5/ *¿Implica eso que no podemos ver ahora la diferencia entre una buena y una mala obra?*

Debemos notar que lo importante no es *cuanta* obra hemos hecho, sino qué clase de obra (v. 13).

6/ *En cuanto al juicio: ¿Qué significa "salvarse... como por fuego"?*

7/ *Los vv. 16 y 17 son una continuación del argumento de Pablo.*

a) ¿Exactamente cuál es la advertencia del v. 17?

La palabra traducida "destruir" del v. 17, en otros lugares se traduce a veces por corromper o extraviar.

8/ ¿Qué significa "*destruir*" *la iglesia de Dios?*

9/ *En resumen, entonces, ¿cuál es la lección que debemos sacar de este pasaje?*
En un sentido todos edificamos, o destruimos la iglesia. Que el Señor nos ayude a ser buenos constructores.

8 - Conclusión

Dirigir bien un grupo de estudio es casi un "don". Es decir, hay un conjunto especial de características que no todos tienen. Tal vez, por esta razón, hay personas que posiblemente nunca se destacarán en esta tarea.

Sin embargo, es algo que se puede aprender, porque es también una técnica. Como ha visto, es posible distinguir entre un buen estudio y otro inferior, y reconocer cuáles son los factores que han determinado ese resultado. En este sentido, todos podemos ser buenos participantes aunque no lleguemos a ser dirigentes.

Usted ha conocido, entonces, un nuevo modo de trabajar. Sabe de qué se trata y tiene experiencia en como funciona. Por supuesto no todos los grupos han de responder de la misma manera que éste. En este sentido, hay lecciones que solamente la experiencia puede enseñar.

Esperamos que los materiales de Ediciones Crecimiento Cristiano le sirvan para aplicar esta metodolotía de estudio en su propia iglesia, en su propio contexto.

Aclaramos que temprano en la vida de ECC nos dimos cuenta de que no es posible preparar un solo estudio que sirva a todos los miembros de una congregación.

1 Juan 2.12-14, por ejemplo, sugiere que hay tres niveles de madurez en una cogregación normal. Y por esta razón hemos creado tres niveles de estudio para los materiales de ECC.

Principios, para la evangelización y nuevos creyentes.

Vida nueva, que incluye la mayor parte de los estudios y cubre temas como estudios de libros de la Biblia, vida cristiana, capacitación, familia, etc.

Madurez, con materias a nivel de un Instituto Bíblico.

Como se puede ver en nuestra página de Internet [www.edicionescc.com], hay un poco de todo para todos.

Lo único que podemos recomendar ahora es que ponga en práctica lo que ha aprendido. ¡Que el Señor le ayude en esta tarea!

Cómo utilizar este cuaderno

Estos cuadernos son *guías de estudio*, es decir, su propósito es guiarle a usted para que haga su propio estudio del tema o libro de la Biblia que desarrolla este material. El cuaderno propone un diálogo. En él introducimos el tema, sugerimos cómo proceder con la investigación, comentamos, pero también preguntamos. Los espacios después de las preguntas son para que usted anote su respuesta a ellas.

Esperamos que, por medio del diálogo, le ayudemos a forjar su propia comprensión del tema. No de segunda mano, como cuando se escucha un sermón, sino como fruto de su propia lectura y investigación.

¿Cómo hacer el estudio?

1 - Antes de comenzar, ore. Pida ayuda a Dios que le hable y le dé comprensión durante su estudio.

2 - Se deben leer los pasajes bíblicos más de una vez y preguntarse: ¿Qué dice el autor? Aunque muchos utilizan la versión Reina-Valera de la Biblia, conviene tener otra versión o versiones disponibles para comparar los pasajes entre las dos. La "Versión popular" y la "Nueva versión internacional" le pueden ayudar a ver el pasaje con más claridad.

3 - Siga con la lectura de la lección. Responda lo mejor que pueda a las preguntas.

4 - Evite la tendencia de "apurarse para terminar". Es mejor avanzar lentamente, pensando, preguntando, aclarando.

En grupo

El estudio personal es de mucho valor pero se multiplican los beneficios si lo acompaña con el estudio en grupo. Un grupo de hasta 8 personas es lo ideal. Pero, puede ser que por diferentes motivos el grupo esté formado por usted y una persona más, aun así, es mejor que estudiar solo.

En realidad, estos cuadernos han sido diseñados con ese motivo: estimular el estudio en células, en grupos pequeños.

La manera de hacerlo es fácil:

1 - **Usted hace en forma personal una de las lecciones del cuaderno**. Aun cuando pueda haber cosas que no entienda bien, haga el mayor esfuerzo posible para completar la lección.

2 - **Luego se reúne con su grupo**. En el grupo comparten entre todos las respuestas de cada pregunta. Puede ser que no tengan las mismas respuestas, pero comparando entre todos las van aclarando y corrigiendo. Es durante este compartir semanal de una hora y media, este diálogo entre todos, donde se encuentra la verdadera riqueza y que nos provée esta forma de estudio.

3 - **Evite salirse del tema**. El tiempo es oro, y lo más importante es enfocar todo el esfuerzo del grupo en el tema de la lección. Luego, pueden dedicar tiempo para conocerse más y tener un rato social.

4 - **Participe**. Todos deben participar. La riqueza del trabajo en grupo es justamente eso.

5 - **Escuche**. Hay una tendencia de apurar nuestras propias opiniones sin permitir que el otro termine. Vamos a aprender de cada uno, aun de los que, según nuestra opinión, están equivocados.

6 - **No domine la discusión**. Puede ser que usted tenga todas las respuestas correctas, sin embargo es importante dar lugar a todos, y estimular a los tímidos a participar. No se trata de sobresalir, sino de compartir aprendiendo juntos.

Si en el grupo no hay una persona con experienca en coordinarlo, se puede encontrar ayuda para dirigir un grupo en:

1 - Nuestra página web, www.edicionescc.com. La sección "Capacitación" ofrece una explicación breve del método de estudio.

2 - En las últimas páginas de nuestro catálogo se ofrece también una orientación.

3 - El cuaderno titulado "Células y otros grupos pequeños" es un curso de capacitación para los que desean aprender cómo coordinar un grupo.

4 - Hay algunas guías que disponen de un cuaderno de sugerencias para el coordinador del grupo.

Finalmente diremos que las guias no contienen respuestas a las preguntas ya que el cuaderno es exactamente eso, una guia, una ayuda para estimular su propio pensamiento, no un comentario ni un sermón. Le marcamos el camino, pero usted lo tiene que seguir.

Que el Señor lo acompañe en esta tarea y si necesita ayuda, comuníquese con nosotros. Estamos para servirle.

Se terminó de imprimir en
Talleres Gráficos de
Ediciones CC
Córdoba 419 - Villa Nueva, Pcia de Córdoba
Octubre de 2013
IMPRESO EN ARGENTINA

www.ingramcontent.com/pod-product-compliance
Lightning Source LLC
Chambersburg PA
CBHW060625030426

42337CB00018B/3192